ANDREIA APARECIDA GONÇALVES RAMOS

VIVÊNCIAS REALIZADAS DURANTE AS AULAS REMOTAS I - REDE MUNICIPAL DE SÃO CARLOS

São Carlos – 2023

SUMÁRIO

Contação de histórias e suas vivências: A Galinha Ruiva

Material Necessário:

Ingredientes para o bolo

Algodão;

Potinho ou copo de plástico;

Água;

Grãos;

Papeis (sulfite, cartolina, papelão...);

Cola;

Lápis, tinta, canetinhas... (diversos para desenhar e colorir);

Elementos da natureza (folhas secas e/ou verdes, grãos /pedrinhas, areia, pequenos gravetos...)

Desenvolvimento:

1º momento:

Contação de histórias: sentar-se com a criança em um local calmo onde a leitura seja o foco. Após uma primeira leitura, incentive a criança a recontar a história, comentar sobre os personagens, falar do que mais gostou, ou do que não gostou, criar um outro desfecho para a história, imitar os sons dos animais, ilustrar usando a criatividade, fazer gestos imitando os animais...

2º momento:

Culinária: após exploradas as inúmeras possibilidades verbais e não verbais sobre a história, convide a criança para preparem um bolo (como a galinha ruiva fez na história).

Organize um espaço onde o bolo possa ser preparado pela criança (sempre com a supervisão e auxílio de um adulto). Este deve ter uma mesa onde ficarão os materiais a serem utilizados e onde a criança possa ficar em volta para manusear os ingredientes e acompanhar o preparo. Você pode começar questionando sobre como fazer o bolo, assim a criança vai aprendendo como preparar o bolo e ajudando nesse preparo. Após colocarem todos os ingredientes, explique que agora o bolo precisa ser assado no forno. Mas isso é melhor o adulto fazer sozinho, pois o fogão é perigoso para as crianças. Convide-a então, para ir brincar e quando o bolo estiver pronto se reunirão novamente para saboreá-lo. Uma outra opção também, é ilustrar/sistematizar a receita utilizando os rótulos dos ingredientes usados na receita, possibilitando assim, a "leitura" da receita pela criança e facilitando a contextualização das medidas e proporções dos ingredientes.

3º momento:

Plantio: instigue a criança a pensar de onde vieram os produtos utilizados para fazer o bolo, muitas respostas serão que vieram do supermercado, então, cabe ao adulto, aprofundar os questionamentos, fazendo-a perceber que muitos alimentos precisam ser cultivados/plantados até chegar aos supermercados e a nossa mesa. Para ilustrar tal fato, proponha a criança plantarem algumas sementes/grãos como por exemplo o milho, ou outro grão que tenham em casa de fácil acesso, como o feijão. O procedimento é muito simples, basta umedecer o algodão, colocar dentro de um copo ou potinho de preferência transparente, pode ser uma garrafa pet cortada por exemplo e colocar o milho sobre ele, coloque 2 ou 3 sementes no copo, pois nem todas podem germinar. Você pode testar com diferentes sementes também como feijão, soja, girassol. O cuidado básico se resume em levar o copo com os grãos para um lugar iluminado e cuidar para que o algodão não fique seco. Em três dias as raízes já devem começar a aparecer. Quando a muda atingir cerca de 20 centímetros, é necessário mudá-la de lugar, plantá-la na terra, para que ela continue crescendo. O buraco precisa ter cerca de 10 centímetros de largura e profundidade e ser regado frequentemente para continuar crescendo.

4º momento:

Disponibilize materiais para a criança (papel, lápis, canetinha, cola, tesoura, tinta, elementos da natureza como folhas secas, folhas verdes, grãos...) ilustrar a história, as vivencias que realizaram a partir da história, conforme sua imaginação e criatividade permitir. Uma sugestão é ilustrar a galinha utilizando o carimbo ou contorno da própria mão da criança e os pintinhos podem ser as digitais.

Para valorizar o trabalho desenvolvido, pode-se fazer um varal de atividades e sempre que produzirem algo, vá pendurando no varal para exposição e apreciação de todos da família. Se desejar também pode-se fotografar e compartilhar conosco, ficaremos muito felizes em ver sua obra criativa!

Devolutivas:

CUINÁRIA

Capítulo II

Contação de histórias e suas vivências

"O pote de melado"

Materiais necessários:

Papel;

Lápis para desenhar e colorir;

Aparelho eletrônico com internet;

Areia;

Água;

Alfabeto móvel.

Desenvolvimento:

1º momento:

Contação de histórias: sentar-se com a criança em um local calmo onde a leitura seja o foco. Realize uma primeira leitura, mostre as imagens, deixe que a criança explore o livro mesmo que virtual, converse com a criança sobre os personagens, o enredo, observe os objetos contidos na história e relacione-os com os da sua casa, incentive a criança a recontar a história, auxiliando-a na sequencia se preciso for.

Pesquisa:

Descobrindo significados: o que é melado? De onde vem o melado? Qual é o seu doce preferido? Quais os ingredientes do seu doce preferido? De onde vem o pote? De qual material pode ser feito um pote? Como se faz um pote de barro? Que outros objetos podem ser feitos com barro? Você já brincou com barro? O que é preciso para a terra/areia virar barro? Compartilhe em nosso grupo de WhatsApp suas descobertas, da maneira que achar mais fácil, pode ser através de áudios, imagens etc.

2º momento:

Oportunize para a criança uma vivência com barro, deixando-a livre para manusear e sentir as diferentes texturas que o barro apresenta.

Se o espaço for propício, deixe-a sentir com as mãos, com os pés, colocando mais e/ou menos água percebendo a diferença entre areia seca, areia molhada e lama, criando livremente com os elementos da natureza.

3º momento:

Dobradura:

Seguindo o passo a passo do vídeo em anexo, confeccione, através da dobradura, a cabeça do gato, um dos personagens da história.

4º momento:

Use a criatividade e faça a ilustração da história, do seu doce preferido, do resultado de suas pesquisas e pode usar também sua dobradura. Pendure no seu varal de obras de arte para expor para os seus familiares

Devolutivas:

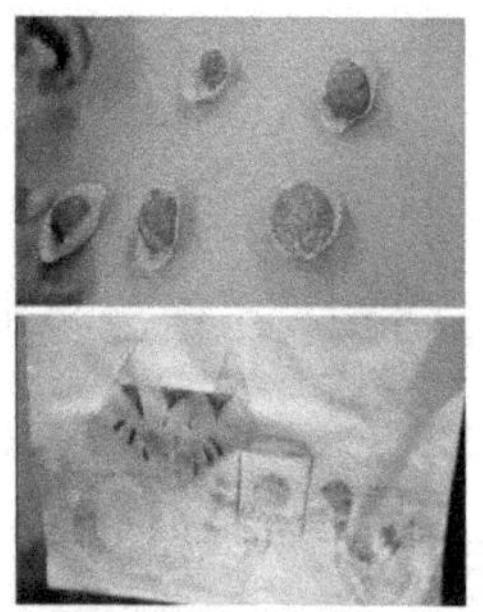

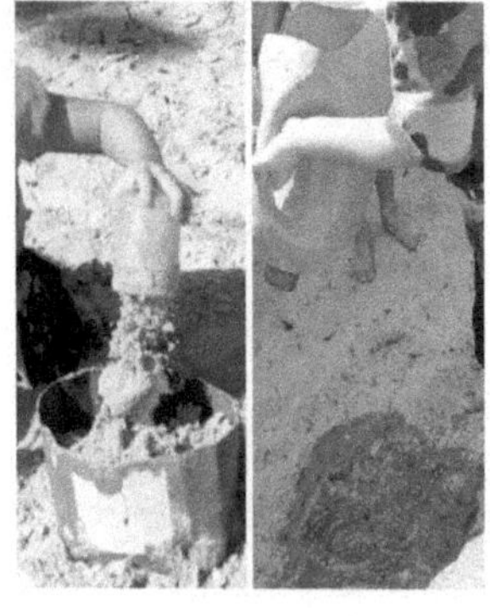

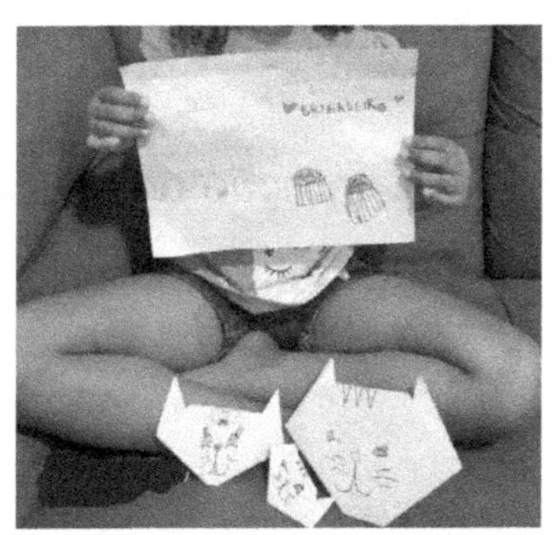

Capítulo III

Contação de histórias e suas vivencias: "Clact...Clact...Clact

Material Necessário:

Papeis diversos;

Lápis preto e coloridos;

Tesoura;

Cola.

Desenvolvimento:

1 – Leitura do livro e observação das figuras geométricas que aparecem no livro;

2 – Atividade de reconhecimento e identificação das figuras geométricas: relacione as figuras do livro com objetos existentes em casa. Por exemplo: quadrado = janela, retângulo = TV/, círculo = prato. Faça uma ilustração bem bonita com os objetos encontrados.

3 – Recorte e colagem: A família desenha as figuras geométricas do livro e a criança recorta papeis diversos (coloridos, folhas de jornais, revistas...) para cobrir as figuras geométricas.

4 - Cada papel para seu lado: Misturar os papeis picados (jornal, revista, coloridos...) em um prato e pedir que a criança separe os papeis colando-os em uma folha, fazendo a divisão conforme as cores ou tipo de papel.

5 – Escreva o nome da criança com letras grandes em uma folha para que ela cole papeis picados, confeccionando um nome/mosaico.

Dicas:

- Sempre supervisione a criança enquanto ela faz uso da tesoura, porém, deixe-a recortar conforme ela conseguir, é muito importante esse aprendizado para ela e ela é capaz!

- Deixe que a criança manuseie a cola, orientando-a em relação a quantidade (pouco não vai colar e muito vai fazer "meleca"), é usando que ela aprende dosar.

Devolutivas:

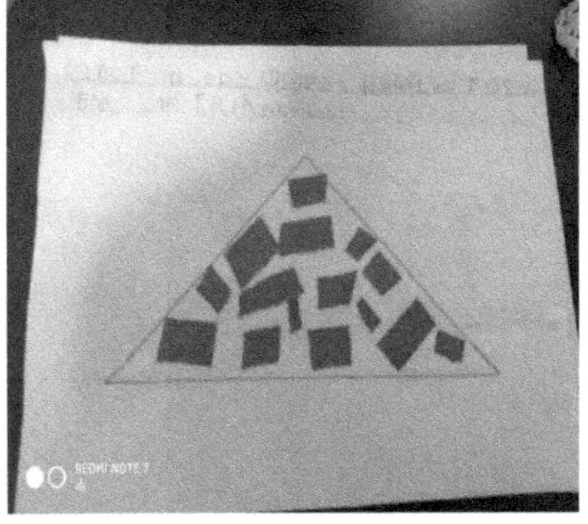

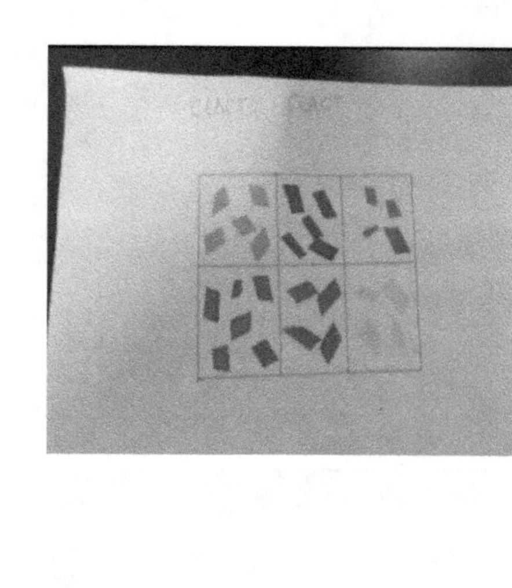

Bibliografia:

BRASIL. Ministério da Educação. Base Nacional Comum Curricular (BNCC). Brasília: MEC/Secretaria de Educação Básica/Secretaria de Educação Continuada/Alfabetização/Diversidade e Inclusão/Secretaria de Educação Profissional e Tecnológica/Diretoria de Currículos e Educação Integral/Diretoria de Articulação Curricular/Diretoria de Formação Docente e Valorização dos Profissionais da Educação/Diretoria de Políticas para Escolas Cívico-Militares/Conselho Nacional de Educação/Câmara de Educação Básica/Câmara de Educação Superior/Comissão Bicameral para Análise da Base Nacional Comum Curricular (BNCC), 2017.

FIÚZA, Elza. A Galinha Ruiva. São Paulo: Editora Moderna, 1996.

FRANÇA, Mary; FRANÇA, Eliardo. O pote de melado. 23. ed. São Paulo: Ática, 2015.

IACOCCA, Liliana. Clact clact clact. São Paulo: Ática, 2019.

www.ingramcontent.com/pod-product-compliance
Lightning Source LLC
LaVergne TN
LVHW020543160826
845677LV00015B/4165